Los Secretos

Aguilar Martínez

*Los Secretos*

# Los Secretos

## Los cuentos de El Pergamino

Aguilar Martínez
2024

Aguilar Martínez

*Los Secretos*

Aguilar Martínez

*Los Secretos*
*Los cuentos de El Pergamino*
Aguilar Martínez
Septiembre 2024
ISBN: 9798339267904

*Los Secretos*

## Contenido

El Consciente y el Subconsciente

cuentan con el Poder del
Pensamiento Positivo
para que usted,
se programe para triunfar

# Dedicatoria

Primeramente, a Dios, que está presente en todo el universo de nuestras almas y de nuestra conciencia, porque nos hizo a su imagen y semejanza y nos dotó de lo necesario para lograr todo lo que nos proponemos en la vida y me ha permitido publicar este, mi libro # 21.

A todos los estudiantes en general, espero que este libro despierte su amor por la lectura, la escritura y los lleve a lograr sus objetivos y metas.

A todos los que lleguen a tener este libro en sus manos mis amigos y lectores un gran abrazo.

Hoy es un día especial, es la continuación de la cosecha de mis escritos de toda la vida.

## Agradecimientos

**A** mis padres, que me enseñaron valores, el respeto, el amor a la familia, el amor al prójimo, el amor a la pareja y me enseñaron el significado de ser hombre de bien.

# Prologo

La historia que estoy a punto de narrarles, son producto de las enseñanzas de mi primer libro, El Pergamino, que contempla los secretos de La ley de atracción. En este libro cada cuento te transporta a los principios que allí planteo de los cuales he creado los cuentos que te comparto en este libro con los principios de "El Pergamino".

Todos los lugares, personajes y acontecimientos son producto de la imaginación. Cualquiera semejanza con la realidad es pura coincidencia. Las historias pueden ser parte del folclore y la experiencia diaria.

He reproducido fielmente, anhelos, preocupaciones y la esencia de una

*Los Secretos*

vida fantástica de personajes creados en la imaginación. Todo con base a las enseñanzas y principios de éxito de mi primer libro, publicado en año 2003.

El Reino de los sueños

*E*n lo profundo del mundo de tu mente, donde la realidad se mezcla con la fantasía, existe un lugar misterioso que llamo el Reino de los Sueños. En este lugar, la frágil frontera entre el consciente y el subconsciente se desvanece, permitiendo que los deseos más profundos cobren vida. Aquí, le comparto una historia del reino de los sueños.

## El reino de los sueños

*E*n el corazón del reino de los sueños, vivía Aurora, una joven encantadora que había comprendido el poder de su mente y la importancia de alinear su consciente y subconsciente, alinearlos ay así lograr sus objetivos y metas. Desde pequeña, había sido instruida en los principios de alcanzar lo inalcanzable a través de la visualización creativa y la determinación.

*Aurora poniendo en práctica lo aprendido, se propuso metas a corto, mediano y largo plazo, trazando un camino claro hacia sus sueños más anhelados esos que queman por dentro.*

*Los Secretos*

*Con cada paso dado, recordaba las palabras sabias de sus mentores en el Reino de los Sueños: "Usted hace que las cosas pasen". Con esta premisa en mente, avanzaba con flexibilidad y enfoque, sin perder de vista su objetivo final.*

*Para lograr sus metas, Aurora comprendió la importancia de programar su subconsciente. Cada noche, antes de sumergirse en el mundo de los sueños, repetía sus deseos ardientes con convicción, y pegaba en el espejo de su recamara estampas y fotografías de sus deseos, asegurándose que su mente, estuviera alineada con sus aspiraciones* más profundas comprometiéndose cada día con ellas.

A medida que el tiempo transcurría, Aurora se enfrentaba a desafíos y obstáculos en su camino, sin embargo, su constancia y perseverancia nunca flaqueaban. Sabía que estaba destinada a triunfar, pese a los obstáculos o dificultades, que su propósito en el Reino de los Sueños era alcanzar la grandeza que siempre había anhelado.

Un día, cuando el sol brillaba con una luz dorada sobre el Reino de los Sueños, Aurora finalmente alcanzó su meta más preciada, algo que siempre había perseguido y anhelado. Se convirtió en la guardiana de los sueños, una posición de honor y responsabilidad que solo los más determinados, comprometidos, valientes y enfocados podían alcanzar.

Desde ese día en adelante, Aurora guía a otros soñadores en su viaje hacia la realización de sus objetivos y deseos más profundos. Les recordaba las palabras que habían marcado su propio camino: "¡Fuimos creados para triunfar!". Y así, el Reino de los Sueños floreció con la esperanza y la determinación de aquellos que se atrevían a soñar en grande. Les recordaba, que las enseñanzas de Jesús, en la parábola de los talentos, no era mas que la llamada de atención a buscar y encontrar, cualquier cosa que tu imaginación te empujara, así que todo lo puedes aprender si practicas y si se te ocurre y deseas con ganas suficientes, podrás obtener ese talento, profesión u oficio con excelencia porque si practicas y le das y le das, lo vas a lograr.

En el Reino de los Sueños, donde el consciente y el subconsciente se entrelazaban en un baile eterno, Aurora demostró que, con fe, determinación y un corazón valiente, cualquier sueño es posible. Y así, la historia de El Reyno de los sueños donde se juntan el Consciente y el Subconsciente, se convirtió en una leyenda que inspiraba a *nuevas generaciones a seguir sus propios sueños con pasión y convicción.*

**El anciano sabio de del Reyno de Aurora**

## La leyenda de Morgrath y el anciano sabio

*E*n un reino lejano, existía una tierra mágica conocida como Aurora, donde la energía de los pensamientos tenía un poder increíble. En este lugar especial, vivía un joven llamado Axel, quien poseía el don de transformar la realidad a través de su mente positiva.

*Axel había aprendido desde pequeño los principios del pensamiento positivo. Su abuelo, un sabio anciano, le enseñó que no debía preocuparse por los problemas, sino ocuparse de ellos para encontrar soluciones. "Si no tiene solución, ¿para qué preocuparse? Y si tiene solución,*

¿para qué preocuparse?", le repetía siempre el sabio Anciano con la paciencia que traen los años.

Un día, una sombra oscura se cernió sobre el reino de Aurora. Una criatura malvada llamada Morgrath había invadido las tierras y sembraba el miedo y la desesperanza entre los habitantes. Solo el poder del pensamiento positivo podía derrotar a Morgrath, y Axel se convirtió en la esperanza de todos.

Con valentía, Axel decidió enfrentarse a Morgrath. A medida que se adentraba en el oscuro bosque donde moraba el ser maligno, recordaba las palabras de su abuelo y se repetía a sí mismo que todas *las cosas que le sucedían traían un crecimiento interior y que él era cada vez mejor.*

*Al llegar ante Morgrath, el villano desplegó todo su terrorífico poder. Sin embargo, Axel no se dejó intimidar. En lugar de enfocarse en la apariencia amenazante de Morgrath y sus pensamientos limitantes, críticas y negatividad, recordó otro principio: mirar solo las virtudes de los demás. Así, descubrió que detrás de la fachada de maldad, Morgrath tenía una chispa de luz que aún brillaba en su interior.*

*Con esta revelación, Axel sintió la fuerza del pensar positivamente crecer en su* corazón. Así comenzó Axel a enviar pensamientos del poder del amor y compasión hacia Morgrath, alimentando sus pensamientos con creencias positivas. Sorprendentemente, la oscuridad que envolvía al villano comenzó a disiparse lentamente, revelando la belleza y bondad que yacían ocultas en su ser.

Morgrath, con lágrimas en los ojos, se arrodilló ante Axel y le agradeció por haberle mostrado el camino de la luz. Juntos, regresaron al reino de Aurora, donde la paz y la armonía volvieron a reinar. Los habitantes, maravillados por la transformación de Morgrath, *comprendieron el verdadero poder del pensamiento positivo y la compasión.*

*A partir de ese día, Axel se convirtió en un símbolo de esperanza y de inspiración para todos en Aurora.*

*Recordaban siempre las palabras de su abuelo: "Alimenten sus pensamientos con creencias positivas y sentirán la fuerza del pensamiento positivo". Cada noche, antes de dormir, todos en el reino volvían a leer el capítulo del poder del pensamiento positivo, de aquel legendario libro El Pergamino, que albergaba toda la sabiduría de La ley de Atracción recordando que, con amor y optimismo, podían superar cualquier adversidad.*

*Y así, la historia de Axel y su victoria sobre la oscuridad se convirtió en una leyenda que perduraría por generaciones, enseñando a todos que, cuando se abraza la luz del pensamiento positivo, la oscuridad se desvanecerá y se logrará la transformación más poderosa.*

El reino mágico de Aurora

## La búsqueda del tesoro

*H*abía una vez en un lejano reino una joven llamada Elena, quien vivía en un mundo lleno de desafíos y oportunidades. Desde pequeña, sus padres le enseñaron la importancia de dar gracias a Dios por cada día que se le regalaba, así que cada mañana, antes de comenzar su día, se detenía unos minutos para agradecer por todas las bendiciones recibidas.

Un día, al despertar, recordó el principio de que hoy es el primer día del resto de su vida y se prometió a sí misma hacer de ese día un inicio especial. Se acercó al espejo y se miró fijamente, reconociendo el reflejo del triunfador que veía frente a ella. Recordó que era la creación más perfecta de Dios y que tenía en su interior la fuerza necesaria para alcanzar grandes logros.

Decidió dar el primer paso hacia sus sueños, recordando que todo lo que deseaba estaba al alcance de sus manos si se esforzaba con determinación. Sabía que debía ser persistente y no claudicar, pues estaba más cerca de sus metas de lo que imaginaba.

Elena emprendió un viaje en busca de su propósito, enfrentando desafíos y obstáculos en el camino. Con valentía y determinación, superó cada uno de ellos, recordando siempre la frase "esfuérzate y hazlo". Con cada dificultad vencida, su confianza crecía y su espíritu se fortalecía.

Finalmente, después de muchas pruebas y tribulaciones, Elena llegó a un lugar donde se encontraba el tesoro que tanto anhelaba: la clave para vivir una vida plena y exitosa. Descubrió que el verdadero triunfo residía en su capacidad de seguir adelante a pesar de los contratiempos, en su fe inquebrantable y en su determinación inalterable.

Al contemplar el horizonte que se abría ante ella, recordó todos los principios que la guiaron en su camino y sonrió, *sintiéndose agradecida por cada experiencia que la había moldeado. Con la certeza de que todo era posible si se lo proponía, Elena decidió seguir adelante, lista para enfrentar nuevos desafíos y triunfar una y otra vez.*

*Y así, con el corazón lleno de gratitud y la mente llena de determinación, Elena se dispuso a escribir el siguiente capítulo de su historia, sabiendo que el éxito estaba siempre a su alcance si se lo proponía. ¡Era el inicio de una nueva aventura llena de posibilidades!*

# La cima de la montaña
## El camino Hacia el Futuro

*E*n un mundo donde la aventura y la superación personal caminaban de la mano, existía un joven llamado Adrián. Desde muy pequeño, había aprendido de sus padres la importancia de planificar, fijarse metas y ser perseverante para alcanzar sus sueños.

Un día, mientras observaba el atardecer desde lo alto de una colina, recordó las palabras de su padre: "El tiempo está a tu favor, haz que cada segundo cuente". Con esa enseñanza en mente, decidió confeccionar una lista de todas las cosas que deseaba lograr en su vida.

*Adrián se comprometió consigo mismo a seguir cada paso de su plan de acción con determinación y valentía. Sabía que para alcanzar sus metas tendría que hacer sacrificios, pero estaba dispuesto a enfrentar cualquier desafío.*

*A lo largo de su viaje, aprendió a valorar las lecciones que cada experiencia le ofrecía. Cada obstáculo se convirtió en una oportunidad de crecimiento y fortaleza. Recordaba la frase que su madre solía repetirle: "Hoy somos producto de las decisiones que tomamos en el pasado, y mañana seremos el producto de las decisiones que tomemos hoy".*

*Los Secretos*

Con estas palabras en su corazón, Adrián continuó avanzando hacia su destino con determinación. Se repetía a sí mismo una y otra vez: "Si lo puedes soñar, lo puedes lograr". Esta frase se convirtió en su mantra, en su motor que impulsaba su espíritu hacia la grandeza.

En su camino, conoció a personajes singulares que le brindaron apoyo y sabiduría. Juntos emprendieron emocionantes aventuras, enfrentando peligros y desafíos inimaginables. Pero Adrián siempre recordaba el propósito de su viaje: hacerse cargo de su futuro y cumplir cada una de las metas que se había propuesto, siguiendo su plan de acción.

Finalmente, después de incontables pruebas y tribulaciones, Adrián alcanzó la cima de la montaña más alta. Desde allí, contempló un horizonte lleno de posibilidades y nuevas metas por conquistar. Se sintió lleno de gratitud por todo lo que había aprendido en su travesía y por las personas que lo habían acompañado en cada paso del camino.

En ese momento de plenitud, Adrián comprendió que el verdadero tesoro no era solo haber alcanzado sus metas, sino el proceso de crecimiento y transformación que lo había llevado *hasta allí. Y así, con la certeza de que el futuro le deparaba infinitas oportunidades, se preparó para dar inicio a un nuevo capítulo en su vida, listo para afrontar cualquier desafío con valentía y determinación, recordando una frase que había escuchado siempre de los sabios del pueblo, el éxito no es un destino, sino el camino que recorres para lograrlo, superando los obstáculos y dificultades.*

La colina misteriosa

# La colina misteriosa
## EL enfoque

*L*aura vivía en lo profundo de un pequeño pueblo rodeado de colinas misteriosas, , una joven decidida y soñadora que siempre se enfocaba en sus objetivos. Desde pequeña había aprendido la importancia de concentrarse en lo positivo y definir con claridad sus metas.

Una noche, mientras contemplaba el sol que se escondía detrás de la colina más alta del lugar, Laura sintió una extraña sensación de intriga. Se propuso descubrir qué secretos guardaban las colinas y decidió convertir esa curiosidad en su próxima meta.

Con valentía, Laura emprendió un viaje hacia la colina misteriosa, dispuesta a desvelar sus enigmas. A medida que ascendía, cada paso le recordaba la importancia de trabajar duro y constantemente para alcanzar sus objetivos. El camino se volvía más empinado y difícil, pero Laura recordaba que cuando las cosas se tornan duras, los duros se quedan en el camino.

Finalmente, llegó a la cima de la colina, donde se encontró con una antigua cueva cubierta de enredaderas. Sin dudarlo, se adentró en la oscuridad, dejando atrás sus miedos y centrándose en la búsqueda de respuestas. *En lo más profundo de la cueva, descubrió un antiguo manuscrito que revelaba la verdadera historia de su pueblo y el poder oculto que residía en las colinas.*

Determinada a desvelar el misterio, Laura se propuso desentrañar cada pista y resolver el enigma que había estado guardado por generaciones. Con cada descubrimiento, se fortalecía su determinación y su convicción de que podía lograrlo.

Después de días de arduo trabajo y dedicación, Laura finalmente descubrió el secreto detrás de las colinas *misteriosas. Se dio cuenta de que, al enfocarse en sus objetivos y mantener una actitud positiva, era capaz de lograr cualquier cosa que se propusiera.*

*Al regresar al pueblo, Laura compartió su increíble aventura con sus vecinos, inspirándolos a seguir sus sueños y a nunca rendirse. Su historia se convirtió en un ejemplo de cómo el esfuerzo y la perseverancia siempre tienen su recompensa, y de cómo, al enfocarse en lo que realmente importa, se pueden alcanzar grandes hazañas.*

*Y así, Laura demostró que cuando te enfocas en tus objetivos con claridad y determinación, puedes apuntar al sol que está sobre la colina y alcanzarlo. ¡Tú también puedes!*

Aguilar Martínez

**La Reliquia**

*Los Secretos*

## La Reliquia
### En busca del éxito

*M*artina, una joven valiente y decidida que había aprendido desde pequeña la importancia de la disciplina, el esfuerzo y la acción para alcanzar sus objetivos, vivía en un mundo lleno de desafíos y oportunidades. Para ella, el éxito no era solo un sueño lejano, sino una decisión que tomaba cada día al despertar.

Martina se preguntaba a menudo si estaría dispuesta a sufrir por aquello que deseaba con tanto fervor. La respuesta siempre era la misma: sí. Sabía que para lograr sus metas necesitaba fijar objetivos a largo, mediano y corto plazo, trazando un camino claro hacia sus sueños.

Un día, Martina decidió emprender un viaje en busca de una reliquia antigua que se decía otorgaba poderes extraordinarios a quien lograra encontrarla. Los obstáculos en su camino eran muchos, pero su determinación era aún mayor. Con cada paso que daba, recordaba que la acción cura el miedo y elimina la pereza, y así seguía adelante, desafiando todo pronóstico.

Mientras más se acercaba a su objetivo, más pequeños parecían los obstáculos que enfrentaba. *Su deseo de triunfar era tan grande que las dificultades se volvían simples pruebas que debía superar con ingenio y valentía. En su travesía, Martina conoció a personajes extraordinarios que la ayudaron en momentos de necesidad y le enseñaron lecciones que nunca olvidaría.*

*Después de incontables desafíos y momentos de incertidumbre, Martina finalmente encontró la reliquia mágica. Sin embargo, lo que descubrió en ese momento no fue solo un objeto poderoso, sino la verdadera clave para el éxito: el poder de la perseverancia, la pasión y la voluntad inquebrantable.*

Al regresar a su hogar, Martina se convirtió en un ejemplo de inspiración para todos aquellos que la conocían. Su historia se convirtió en leyenda, recordando a todos que el camino hacia el éxito está lleno de pruebas, pero que, con determinación y coraje, cualquier meta es alcanzable.

Y así, Martina demostró al mundo que las metas para triunfar no son solo sueños lejanos, sino realidades alcanzables para aquellos que se atreven a perseguirlas con todo su ser.

El ilusionista

El cofre de plata

# El Ilusionista
## y el cofre de plata

*L*ucas un joven apasionado por la magia y los sueños, vivía en un pequeño pueblo llamado Fantasía. Desde pequeño, Lucas había soñado con convertirse en el mayor ilusionista del mundo, pero todos a su alrededor le decían que era imposible, que la magia no existía y que debía olvidar esos pensamientos.

Sin embargo, Lucas se negaba a rendirse. Decidió seguir adelante con su sueño, ignorando las voces pesimistas que intentaban desanimarlo. Todos los días practicaba trucos de magia en secreto, esforzándose por perfeccionar cada movimiento y hechizo.

Un día, mientras paseaba por el mercado del pueblo, Lucas se topó con una vieja tienda de antigüedades. Intrigado, decidió entrar y se encontró con un misterioso cofre de plata. Al abrirlo, descubrió un libro antiguo con instrucciones detalladas sobre cómo realizar los trucos de magia más increíbles.

Emocionado, Lucas se sumergió en el mundo de la magia. Practicaba día y noche, perfeccionando cada truco y hechizo que aprendía del libro. Pronto, su reputación como mago comenzó a crecer, y la gente del pueblo acudía en masa a sus espectáculos, maravillados por su destreza y habilidad.

Pero no todo era fácil. Envidiosos de su éxito, algunos habitantes del pueblo intentaron boicotear sus actuaciones, difamándolo y tratando de desacreditarlo. Sin embargo, Lucas se mantuvo firme en su compromiso de seguir adelante y no dejar que nada ni nadie le impidiera cumplir sus sueños.

Finalmente, llegó el gran día. Lucas fue invitado a participar en el concurso de magia más prestigioso del país. Confiado en sus habilidades, se enfrentó a los mejores magos del mundo, deslumbrando al público con su magia única y sorprendente.

Y así, Lucas se convirtió en el triunfador que siempre supo que podía ser. Su historia inspiró a muchos, recordándoles que nunca deben permitir que nadie les robe sus sueños, que deben atreverse a soñar y luchar por aquello en lo que creen. Porque, al final, la magia de los sueños puede convertirse en realidad si uno se atreve a perseguirla con valentía y determinación.

# La Actitud Inquebrantable

*E*n un remoto pueblo de la Edad Media, se encontraba un joven llamado Marcos. Desde pequeño había sido marcado por la desdicha y la falta de confianza en sí mismo. Sin embargo, un extraño suceso cambiaría su vida por completo.

Una noche de luna llena, mientras caminaba por el bosque en busca de leña, Marcos tropezó con una antigua piedra grabada con una inscripción misteriosa: "A partir de hoy, usted es un ser nuevo". Intrigado, decidió llevarla consigo a su humilde morada.

*Esa misma noche, al acostarse en su áspera cama de paja, una luz brillante envolvió la habitación y una voz resonó en su mente: "Todo lo que te propongas lo puedes alcanzar con esfuerzo y perseverancia. Planifica tus acciones y cree en ti mismo".*

*Marcos despertó con renovadas fuerzas y una actitud inquebrantable. Decidió seguir al pie de la letra las palabras de la voz misteriosa. Comenzó a leer viejos pergaminos de su abuelo, historias de héroes, de conquistas y logros espectaculares, literatura positiva que le inyectaba energía, y cada día se repetía a sí mismo que era un triunfador.*

*Los Secretos*

*Una mañana, mientras ayudaba a un anciano a reparar su carreta, este le dijo: "No hay obstáculo que no puedas vencer si mantienes tu actitud mental positiva y una actitud de ganador. Ayuda a todo el que puedas sin esperar nada a cambio, y tu recompensa llegará".*

*Con estas palabras resonando en su mente, Marcos emprendió un viaje en busca de su destino. En su camino se encontró con desafíos y obstáculos, pero su fe inquebrantable en sí mismo lo impulsaba a superarlos uno a uno.*

*Finalmente, después de enfrentar una serie de pruebas y adversidades, Marcos logró llegar a la capital del reino. Allí, ante la mirada asombrada de todos, demostró su valía y talento. Su actitud mental de triunfador lo llevó a alcanzar sus objetivos y a convertirse en un héroe para su pueblo.*

*Desde ese día en adelante, la historia de Marcos se convirtió en leyenda. Se decía que aquel joven humilde que creyó en sí mismo y en su capacidad se convirtió en el ejemplo vivo de que no hay límite para aquel que posee una actitud mental de triunfador. Y así, su legado perduró por generaciones, inspirando a muchos a seguir sus pasos y a creer en el poder transformador de la mente.*

El enigma tallado en la pared

Aguilar Martínez

*Los Secretos*

# El Enigma
# de la Búsqueda Infinita

*U*na joven inquieta y curiosa llamada Elena, vivía en un pequeño pueblo rodeado de montañas y misterios, obsesionada con la idea de encontrar la excelencia en todo lo que hacía. Desde muy temprana edad, se propuso no detenerse jamás en su búsqueda de la perfección.

Un día, mientras paseaba por el bosque cercano en busca de inspiración para su próximo proyecto artístico, descubrió una cueva oculta entre los árboles. Intrigada, decidió adentrarse en ella, sin saber que ese sería el comienzo de la mayor aventura de su vida.

Dentro de la cueva, Elena se encontró con un enigma misterioso tallado en la pared: "La vida es una constante búsqueda de la excelencia que no se debe detener jamás". Intrigada por estas palabras, comenzó a investigar y descubrió que la cueva estaba llena de pistas y acertijos que parecían desafiar las leyes de la realidad.

Decidida a resolver el enigma, Elena se sumergió en un mundo de misterios y peligros, donde cada paso la llevaba más cerca de la verdad, pero también más lejos de lo que conocía como realidad.

Los Secretos

Se enfrentó a criaturas fantásticas, se adentró en pasadizos subterráneos y desafió a la propia naturaleza en su afán por descifrar el mensaje oculto en la cueva.

Mientras avanzaba en su búsqueda, Elena descubrió que la clave no estaba en encontrar la perfección en el exterior, sino en aceptar la imperfección como parte de la vida misma. Entendió que la excelencia no radicaba en alcanzar un estándar intocable, sino en perseverar en el camino del crecimiento personal y la superación constante.

Tras días de arduo trabajo y desafíos, Elena finalmente llegó al corazón de la *cueva, donde una luz brillante iluminaba una inscripción final: "La verdadera excelencia reside en el viaje, no en el destino". Con lágrimas en los ojos y el corazón lleno de sabiduría, Elena salió de la cueva transformada, lista para seguir adelante en su búsqueda infinita de la perfección en medio de la imperfección.*

*Y así, en aquel pequeño pueblo rodeado de misterios, la leyenda de la valiente Elena y el enigma de la búsqueda infinita perduraría por generaciones, recordando a todos que la verdadera excelencia reside en el coraje de seguir adelante, sin importar los obstáculos que se interpongan en el camino.*

*Los Secretos*

## El viaje hacia las Estrellas

*R*odeado de montañas y bosques, en un hermoso pueblito, vivía una joven llamada Eva, llena de sueños y aspiraciones. Desde pequeña, había soñado con ser astronauta y explorar el universo. Su inspiración era su abuelo, quien siempre le decía: "El éxito es la consecuencia de lograr pequeñas metas, si sientes un verdadero deseo, planificas tu rumbo, eres constante y persistente, el resultado te dará satisfacción".

Eva pasaba sus días observando las estrellas en el cielo nocturno, imaginando los planetas lejanos que esperaban ser descubiertos. *A pesar de los obstáculos y dudas de los demás, ella nunca perdió de vista su objetivo. Trabajó arduamente en la escuela, estudiando física, analítica y cálculo, también entrenaba físicamente y hacia ejercicios moldeando su cuero. Estudiaba mucho para aprender sobre la exploración espacial y preparándose para su gran aventura.*

*Finalmente, llegó el día en que la agencia espacial anunció una convocatoria para reclutar nuevos astronautas. Eva no lo dudó ni un segundo y se inscribió, con la certeza que sería reclutada, porque contaba con la preparación física y de conocimientos necesarios. Sabía que este era el primer* paso hacia las estrellas, su gran sueño. Pasó por rigurosas pruebas físicas y mentales, compitiendo con otros aspirantes con su mismo sueño, igual de preparados y determinados.

Después de meses de entrenamiento intenso, Eva recibió la noticia que tanto había anhelado: ¡había sido seleccionada para formar parte de la próxima misión espacial! La emoción y gratitud llenaron su corazón mientras se preparaba para el viaje hacia las estrellas, el viaje de su vida.

Junto a un equipo de astronautas expertos, Eva despegó rumbo al espacio exterior. Durante la misión, enfrentaron desafíos y contratiempos, pero con determinación y trabajo en equipo lograron superar cada obstáculo. Eva se maravillaba ante la inmensidad del universo, cumpliendo así su más grande sueño.

Al regresar a la Tierra, Eva fue recibida como una heroína. Su historia inspiró a muchos, demostrando que con pasión, planificación y perseverancia se pueden alcanzar las estrellas. Su abuelo la abrazó con lágrimas en los ojos, orgulloso de verla convertida en la astronauta que siempre supo que sería.

Y así, Eva comprendió que el éxito no solo radicaba en alcanzar las estrellas, sino en el camino recorrido para llegar hasta allí. Con cada pequeña meta superada, con cada obstáculo vencido, su satisfacción era plena. Porque, al final del día, el verdadero éxito reside en la determinación de seguir adelante, sin importar cuán lejos nos lleve el universo.

Aguilar Martínez

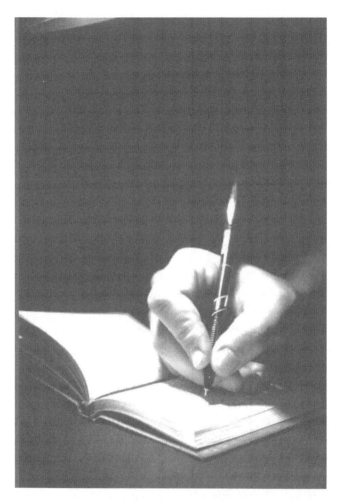

Valentina, la escritora

## La conexión instantánea

*A* las afueras de la ciudad, en un pintoresco pueblito, había nacido Valentina, la pequeña que se había convertido en una joven apasionada y determinada. Desde muy temprana edad, su gran sueño era convertirse en escritora y compartir sus historias con el mundo. Sin embargo, la vida le presentó obstáculos que parecían alejarla cada vez más de su meta.

Valentina dedicaba largas horas a escribir en su pequeño cuaderno, donde plasmaba sus más profundos pensamientos e ideas. A pesar de las dudas y los comentarios negativos de los demás, ella seguía firme en su propósito, convencida de que solo enfocándose en sus metas lograría alcanzarlas, aunque siempre encontraba, muy cerca, personas que trataban de robarle l sueño con frases como, ni se te ocurra tú eres pobre, no hay esperanza para gente como nosotros, no tienes ni la menor oportunidad de hacerte famosa y otras frases más que sugerían el fracaso como resultado, son embargo Valentina era determinada y terca. Ella no permitiría que nadie la apartara de su objetivo y mucho menos robarle su sueño.

Un día, durante un paseo por el parque, Valentina conoció a Diego, un joven pintor con una historia similar a la suya.

Al igual que ella, Diego tenía grandes sueños artísticos que quería cumplir, pero también se enfrentaba a desafíos y críticas que lo desanimaban pero era igual que ella, determinado.

La conexión entre Valentina y Diego fue instantánea. Compartían la misma pasión por el arte y la determinación de alcanzar sus metas a pesar de todo. Juntos, se apoyaron mutuamente, recordándose constantemente que los resultados hablarían por sí solos si perseveraban.

Con el tiempo, Valentina y Diego se convirtieron en fuente de inspiración el uno para el otro. Sus esfuerzos y dedicación comenzaron a dar frutos, viendo cómo sus trabajos empezaban a ser reconocidos y valorados por el público.

Finalmente, llegó el día en que Valentina publicó su primer libro, una recopilación de cuentos que había escrito a lo largo de los años. En la presentación de su obra, Diego expuso sus pinturas, creando una atmósfera mágica que cautivó a todos los asistentes.

El éxito de Valentina y Diego no solo radicaba en sus talentos individuales, sino en la fuerza de su unión y en la convicción de que, enfocándose en sus metas, los resultados hablarían por sí *solos. Ambos comprendieron que el camino hacia los sueños cumplidos no era fácil, pero valía la pena cada esfuerzo y sacrificio realizado.*

*Así, Valentina y Diego demostraron al mundo que, con determinación, pasión y apoyo mutuo, cualquier meta es posible de alcanzar. Juntos, caminaron hacia un futuro lleno de éxitos y realizaciones, escribiendo una historia de amor, éxito y superación que perduraría para siempre. Hoy en día, ambos son muy reconocidos y exitosos.*

*Así como Diego y Valentina, cada uno de nosotros, podemos alcanzar nuestros sueño, no será fácil, pero de seguro tampoco es imposible si sigues tu* instinto, te acompañas de pasión y determinación, lo haces con constancia y perseverancia, de seguro tu esfuerzo se vera recompensado con reconocimiento y éxito.

**Mientras contemplaba las estrellas
desde el tejado de su casa**

Aguilar Martínez

## El Arquitecto de los Sueños

*E*n un mundo donde la imaginación tenía el poder de moldear la realidad, vivía un joven llamado Ian. Desde pequeño había descubierto la increíble capacidad de su mente para crear mundos y aventuras sin límites, pero también sabía que debía ser el dueño de sus pensamientos y dirigirlos hacia sus verdaderos objetivos.

Ian residía en un típico pueblo rodeado de bosques mágicos y criaturas fantásticas. Todos en la aldea conocían su don especial y lo veían como un ser destinado a grandes hazañas. Sin *embargo, Ian aún no comprendía del todo el alcance de su poder mental.*

*Una noche, mientras contemplaba las estrellas desde el tejado de su casa, una voz susurró en su oído: "Eres el arquitecto de tu propio destino, Ian. Solo tú puedes trazar el camino que te llevará a cumplir tus sueños más profundos". Intrigado por esas palabras enigmáticas, decidió adentrarse en los recovecos de su mente en busca de respuestas. Para ello decidió explorar el estado Theta de su mente con técnicas de relajación y control mental que había escuchado, lo podían ayudar.*

*Guiado por su intuición, Ian se sumergió en un sueño profundo que lo transportó a un mundo desconocido, lleno de desafíos y peligros. En ese lugar surrealista, cada pensamiento se materializaba en forma de criaturas extrañas y paisajes cambiantes. Pronto comprendió que debía utilizar su creatividad de manera consciente para superar las pruebas que se interponían en su camino.*

*En su travesía, Ian conoció a personajes fascinantes que representaban aspectos diferentes de su propia personalidad: la valentía, la sabiduría, la perseverancia. Juntos emprendieron un viaje épico hacia la Torre de los Sueños, un lugar* legendario donde se decía que residía la clave para desbloquear todo su potencial.

Después de enfrentar numerosos desafíos y poner a prueba su ingenio, Ian finalmente llegó a la cima de la Torre de los Sueños. Allí, frente a un espejo mágico, se enfrentó a su reflejo y comprendió que la verdadera fuerza residía en su interior. Con determinación y coraje, canalizó sus pensamientos hacia la creación de un futuro brillante y lleno de posibilidades.

Al despertar de su sueño, Ian sintió una renovada confianza en sí mismo y en su capacidad para manifestar sus deseos más profundos en la realidad. Recordó las palabras que lo habían guiado: "Eres el arquitecto de tus propios sueños, forja tu destino con sabiduría y creatividad". Desde ese día, Ian supo que su imaginación era su mayor aliada y que, con ella, podía construir un mundo lleno de magia y aventura, el que podía materializar con el poder de sus pensamientos..

Aguilar Martínez

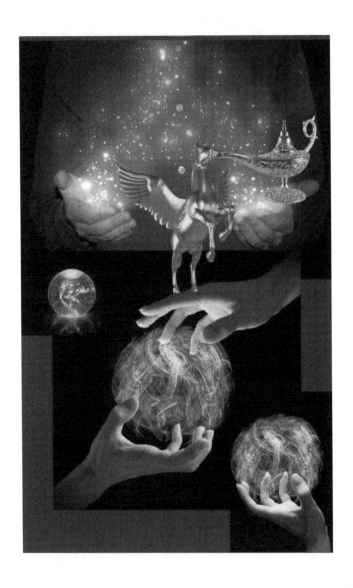

Los Secretos

# El Jardín de los Sueños

*E*xistía un lugar especial conocido como el Jardín de los Sueños, un reino mágico y ancestral donde florecían las ideas más increíbles y los deseos más profundos de cada ser que se aventurara a entrar en su interior. Todos decían que aquellos que lograban llegar al corazón del jardín, descubrían la magia más poderosa que pudiera existir.

Cuentan las leyendas que en el Jardín de los Sueños habitaban seres extraordinarios, criaturas fantásticas y paisajes imposibles de imaginar. Era un lugar donde el tiempo no existía, donde los sueños se convertían en realidad y donde la fuerza de la mente era la mayor aliada.

Un día, una joven llamada Lysandra escuchó sobre la existencia del Jardín de los Sueños y decidió emprender un viaje hacia lo desconocido. Confiaba en sus habilidades y en la certeza de que había sido creada a imagen y semejanza de Dios, por lo que sabía que en su interior tenía todo lo necesario para lograr sus objetivos.

A medida que avanzaba por bosques encantados y ríos cristalinos, Lysandra se encontraba con pruebas y desafíos que ponían a prueba su valentía y su creatividad. *En cada paso que daba, recordaba las palabras que le habían inspirado a emprender ese viaje: "Si lo puedes soñar, lo puedes lograr".*

*Finalmente, después de superar todos los obstáculos, Lysandra llegó al corazón del Jardín de los Sueños. Allí, se encontró con seres luminosos que le mostraron el verdadero poder de la imaginación y la fe en uno mismo. Descubrió que la magia no residía en objetos o hechizos, sino en la confianza en su propio potencial.*

*Con cada sueño que se atrevía a soñar, Lysandra creaba nuevas realidades y abría puertas a mundos hasta entonces*

*Los Secretos*

*inexplorados. Se convirtió en una leyenda viviente, en una inspiración para todos aquellos que anhelaban alcanzar sus metas más ambiciosas.*

*Y así, en el Jardín de los Sueños, Lysandra aprendió la lección más importante de todas: que el verdadero poder reside en el interior de cada ser, en la capacidad de creer en uno mismo y en la certeza de que, como seres creados a imagen y semejanza de Dios, no hay límites para lo que podemos lograr.*

## Un pequeño pueblo
## y un gran sueño

*V illa Esperanza, un pequeño pueblo donde vivía una joven llamada Ana, quien tenía el deseo ardiente de convertirse en una renombrada chef de repostería. Desde pequeñita, Ana había estado en la cocina de su abuela, quien le enseñó todos los secretos de la cocina y la pastelería.*

*Sin embargo, Ana sabía que para alcanzar su sueño necesitaba esfuerzo y dedicación. Así que decidió inscribirse en la mejor escuela de gastronomía del país. La competencia era feroz, pero Ana* estaba decidida a demostrar su talento y lograr su objetivo.

Durante los primeros meses de clases, Ana se esforzó al máximo. Pasaba horas practicando en la cocina, perfeccionando sus técnicas y experimentando con nuevos sabores. A pesar de los obstáculos y las críticas, Ana nunca perdió la esperanza.

Un día, el prestigioso chef Nicolás visitó la escuela en busca de nuevos talentos. Ana vio esta como su oportunidad para brillar y decidió presentar su creación más innovadora: un pastel de tres pisos con decoraciones elaboradas y sabores exóticos.

*El chef Nicolás quedó impresionado por el talento de Ana y la felicitó por su creatividad y pasión por la cocina. Le ofreció la oportunidad de trabajar en su prestigioso restaurante en la ciudad, donde podría seguir creciendo como chef y alcanzar sus sueños.*

*Ana estaba emocionada y agradecida por la oportunidad que se le presentaba. Sin embargo, sabía que el camino no sería fácil. Necesitaría esforzarse aún más y demostrar su valía en cada plato que preparara.*

*Con cada día que pasaba, Ana demostraba su talento y dedicación en la cocina. Sus platos se volvían cada vez más populares entre los comensales y su reputación como chef iba en ascenso.*

*Finalmente, después de años de trabajo arduo y sacrificio, Ana logró abrir su propio restaurante de repostería en el centro de la ciudad. Sus creaciones únicas y deliciosas conquistaron los corazones de todos los que probaban sus postres.*

*Ana había alcanzado su sueño gracias a su esfuerzo y dedicación. Ella era la prueba viviente de que, con determinación y pasión, cualquier meta podía ser alcanzada. Y así, en Villa Esperanza, Ana se convirtió en la chef más reconocida y admirada de todo el pueblo.*

Los Secretos

# Hágase cargo de su futuro

*E*ra una vez un joven llamado Antonio, quien vivía su vida de forma despreocupada, sin pensar en las consecuencias de sus acciones. Un día, un sabio anciano se acercó a él y le dijo: "Hijo mío, es hora de que te hagas cargo de tu futuro. Planifica, confecciona una lista de metas que deseas alcanzar, haz un compromiso contigo mismo y estás listo para hacer sacrificios".

Antonio decidió seguir el consejo del anciano y comenzó a reflexionar sobre sus metas y sueños. Hizo una lista detallada de todo lo que deseaba lograr en la vida y se comprometió a trabajar duro para alcanzarlos.

Con el paso del tiempo, Antonio aprendió a valorar cada experiencia que la vida le presentaba, incluso de los fracasos sacaba lecciones que le ayudaban a crecer. Se dio cuenta de que hoy somos producto de las decisiones que tomamos en el pasado, y que mañana seremos el producto de las decisiones que tomemos hoy.

Con un enfoque inspirado, Antonio se dedicó a perseguir sus sueños con determinación y pasión. Recordaba la frase: "Si lo puedes soñar, lo puedes lograr" y eso le daba fuerzas para seguir adelante en los momentos difíciles.

Gracias a su dedicación y esfuerzo, Antonio logró alcanzar todas sus metas y convertirse en la mejor versión de sí mismo. Se convirtió en un ejemplo para los demás y demostró que realmente se puede tomar las riendas de nuestro propio futuro.

Así que, querido lector, recuerda: planifica, haz una lista de metas, comprométete, haz sacrificios, el tiempo está a tu favor. Aprende de cada experiencia y toma las decisiones correctas para construir un futuro lleno

de éxito y felicidad. ¡El poder está en tus
manos! ¡Hágase cargo de su futuro!

## El Autor

**Aguilar Martínez (1960 -)** además de escritor, poeta, compositor, pintor y escultor, es publicista, especialista en imagen y mercadeo, productor, animador de radio y televisión, investigador sobre el tema de la superación personal y las relaciones humanas. Estudió Derecho y Ciencias Políticas, parapsicología y metafísica. **Es conferencista motivacional** y experto en el secreto de la *"Ley de atracción"*, (369 hz.) su funcionamiento y aplicación en todos los aspectos de la vida. Ha pasado su vida estudiando las actitudes y cualidades que nos llevan a sacar máximo provecho de la vida y en estas historias, ha plasmado con su lenguaje propio, el resultado de sus investigaciones sobre la ley de atracción. Sus

19 libros Best Seller, son el resultado de su esfuerzo y producción literaria.

Los Secretos, son pequeñas historias, llenas de mensajes entre fantasías y relatos llenos de positivismo de las enseñanzas de su primer libro, El Pergamino donde plasmó el manual más completo sobre la ley de atracción que fue publicado en el año 2003 recibiendo el reconocimiento como Best Seller en la feria del libro de Panamá de ese año y posteriormente en Amazon.

Actualmente Aguilar Martínez, vive en Panamá.

# CONTACTE AL AUTOR

*Correo electrónico*

tonyaguilartv@gmail.com

**Twitter**

Tony Aguilar Martínez

**Facebook**

Tony Aguilar

Aguilar Martínez Artist

Google: Aguilar Martinez books

Aguilar Martínez

*Los Secretos*

Made in the USA
Columbia, SC
31 October 2024

45068105R00059